물방울 속 세상

물방울 속 세상

박상덕 시집

인쇄일 | 2025년 07월 28일
발행일 | 2025년 08월 02일

지은이 | 박상덕
펴낸이 | 김영빈
펴낸곳 | 도서출판 시아북(詩芽Book)

출판등록 | 2018년 3월 30일
주소 | 대전광역시 동구 선화로214번길 21(3F)
전화 | (042) 254-9966
팩스 | (042) 221-3545
E-mail | siab9966@daum.net

값 12,000원

ISBN 979-11-94392-38-5(03810)

* 저자와의 협의에 의해 인지를 생략합니다.
* 잘못된 책은 바꿔드립니다.

물방울 속 세상

박상덕 시집

■ 시인의 말

  나는 늙는 것도 참 행복하다고 생각 한다.
  눈부신 꽃들은 혹한을 거친 뒤에야 피는 법이니, 마찬가지로 고난을 많이 헤쳐나온 사람일수록 강인함과 향기로운 맛이 더욱 깊기 때문이다.
  그러나 어쩌랴! 지나온 과거는 점점 퇴색되어 가고 내일의 비전은 암담한 현실에 깊은 잠에 빠져 하루하루 의미 없는 삶을 살아야 했었다.
  어차피 바람불면 바람 부는 대로 흘러가는 구름도 애초에 정해진 바가 없으니, 나 역시 앞이 보이지 않는 안개 자욱한 그 길을 가고 있었다.
  그러던 어느날 삶의 터전을 바꾸고자 하여 인간관계가 중심인 도시에서 자연세계가 중심인 한적한 시골로 옮겨와 살고 있다.
  삶의 환경을 바꾸고 보니 본디 예술은 자연의 모방에서 시작되는 것을 깨닫게 되었다. 자연은 내게 가장 큰 스승이요, 배움의 터전을 선물해 주었다.

인간 관계보다 자연 속에서 수 많은 밀어를 속삭일 수 있어 마냥 좋았다.

그러나 아직은 눈으로 보아도 보이지 않는 것 너무 많이 있다. 그러므로 나는 머리를 깨우쳐 뇌로 보는 법을 배우고자 한다. 마음으로 생각하고 마음으로 느끼면서 마음으로 그림을 그리듯 살고 싶다.

2025년 07월

박상덕

■ 차례

시인의 말　004

1부

꽃구름 피어나는 마을　013
저녁 노을은 흐르고　014
이렇게 살고 싶다　016
개망초꽃　018
그 사랑 곁에 두고 싶다　019
살다 보면　020
길 위에서 길을 묻는다　021
서해의 해변　022
찔레꽃　024
당신을 그리워합니다　025
하얀 민들레　026
상사화　027
젖은 장작　028
뻐꾹새 울던 여름　030
싸리꽃 향기　032
옥수수　033
아내생각　034

2부

다람쥐가 사는 마을　037
산속의 움막　038
소쩍새　040
당신과 나　041
고택에서　042
일장춘몽　044
금혼식　046
국화꽃　048
최고의 선물　050
인생의 맛　051
쉼표와 마침표　052
어머니의 밤　053
간이역　054
터미널 대합실　055
풀잎처럼　056
오월　057
고향　058

3부

광대의 미소　061
징검다리　062
그 강을 건너면　064
찻잔 속의 그대　065
흔적　066
강아지 풀꽃　067
복사꽃 당신　068
그곳에 가면　070
상사화　071
물방울 속 세상　072
저물어 가는 길목　073
에덴의 꽃　074
언덕에 내린 햇볕　076
갯벌에도 단풍들다　078
빛의 바다　080
별빛이 이는 마을　082
두바퀴로 만나는 세상　084
나무 아래　085

4부

할미꽃 089
함께 가는 길 090
나눔의 행복 092
숲속의 하루 094
비움의 미학 096
어떤 인연 098
누름돌 100
시절 인생 102
사과꽃 필 때면 104
노후 보장 106
흙마당의 추억 108
내 안의 파랑새 110
만물장수 112
여름 숲 114
갈음이 해수욕장에서 116
내가 만난 작은 친구 118
함께 걷고 싶다 120
감자꽃 필 때면 122

5부

콩나물의 겸손 125
멧토끼의 삶 126
천수만에서 128
늙은 느티나무 130
단풍이 주는 교훈 132
김장하는 날 134
동산지기 소나무 136
지상의 별 반딧불 138
겨울 밤바다 140
생각의 언덕을 넘어 142
세월의 흔적 143
땅이 품은 알 144
은빛 추억 145
서산의 부성산성 146
늙고 거친 나무 148
국제크루즈선이 떴다 150
살만한 세상 151

〈해설〉 155
노년을 행복하게 만드는 친구를 드디어 만나다,
인생의 진면목을 보다
김명수(시인, 효학박사)

1부

꽃구름 피어나는 마을

꽃구름처럼 피어난 배롱꽃
붉고 고운 빛으로 피어나는 여름꽃
무엇이 그리도 수줍은지
속살 드러나는 숲속의 여인처럼
이목구비 곱기만하다

길가던 길손네 걸음을 멈추게 하고
이마의 땀방울 금새 사라지게 하는
마법같은 정취에 흠뻑 빠져든다

가지 끝 솟은 꽃봉오리
하나씩 붉은 등 켜노라면
잔잔한 분홍 꽃등이
별처럼 빛나는 밤

잊지 못할 그리운 일 많이 있겠지
긴 잠에 빠져들어 꽃구름타고
황홀여행 떠난다

저녁 노을은 흐르고

해질녘 붉은 노을 지면
숲속으로 날아드는 철새 울음소리 듣는다

남녘의 남파랑 길
공룡 엑스포공원을 경유하면서
힘껏 걷는 아름다운 길

가을 들판 가로지르며
흐드러지게 핀 백일홍꽃 길
하늘과 맞닿은 둘레길을 걷고 있지만
몸은 예전 같지 않다

곁을 지나는 젊은이의 힘찬 발걸음
어느새 저만치 앞서가면
잠시 서글픈 생각이 든다

산길이든 바닷길이든 마음만 내키면
언제든 걸을 수 있었던 젊은 시절

작열하는 태양 아래 분주했던 한 낮 지나면
잔잔하고 평화로운 저녁을 맞이하는 삶

그래도 나에겐 해질녘이면
포근한 사랑 기다리고
따뜻한 품속이 있는 둥지를 타고 흐르는
윤슬에 흠뻑 취할 수 있다는 것
매일 누리는 특권이 있지 않은가

이렇게 살고 싶다

꽃잎에 비가 내리면
그치지 않는 비 없고
마파람이 아무리 불어와도
멈추지 않는 바람 없다

비바람이 몰아치고 칠흑같은 어둠 속
가는 길이 힘들다고 움추러 들지 말자
시간이 지나고 나면
어느새 비는 그치고
바람도 멈출 테니까

살다 보면
많은 고난과 별의별 일들과
예기치 못한 사건사고들
온갖 아픔 이겨내고
곱게 물든 애기단풍처럼
누군가의 책갈피 속에 숨겨져 살고 싶다

오래도록 간직해 두면서
가끔 살포시 들여다보면

지나온 기억 속에
착하고 선한 모습으로 남아
호감을 주는 밝은 얼굴로 살고 싶다

개망초꽃

가는 봄날 뒤로하고
여름을 만들어 가는 유월초
묵정밭이 제 집 인양
소박하면서 앙증맞은 꽃
망초꽃이 흐드러지게 피었다

나라를 빼앗긴 시절
타지에서 유입된 귀화식물이기에
망초라 하였으나
그래도 굳세게 번져나가
이 땅 산야에 지천으로 자라고 있다

흔해 빠진 꽃이라
그 누구도 거들떠보지 않는 개망초
누구를 위해 핀 꽃이 아니라
아름다운 세상을 만들기 위해
희미한 달빛 받으며 보란 듯이 피어났단다

그 사랑 곁에 두고 싶다

산 너머 골짜기
향기롭게 다가오는 이여

고운 빛 새하얀 꽃에
닫혀 있던 어두운 마음
영혼까지 품어 안는다

화려한 꾸밈새 없어도
순결한 마음으로 가득 피어나
내 안에 평안을 가져다 주는

박꽃 닮은 당신

살다 보면

들꽃처럼 살고 싶어
산중으로 들어 왔다
세월 안고 살다보니
온몸 파고드는
가시덤불도 많았다
흔들리는 나뭇가지처럼
바람같은 인생인 것을
누구를 탓할 수도 없었다
오늘 하루도
수천 가닥의 생각과
잡념 속에서
나를 잡아주고
의지할 수 있는 것은
저 멀리 한그루 늙은 소나무
허리 굽혀 나를 지켜주고
늙은 소나무 벗삼아 곁에서
돌보아 주는 당신이 있기 때문이다

길 위에서 길을 묻는다

지름길은 질러가니 가까운 길
에움길은 에둘러가서 먼 길
넓은 길보다 좁고 험한 길
우리 인생사처럼 많기도 하다
좁은 골목길을 뜻하는 고샅길
꼬불꼬불 논두렁 위로 난 논틀길
거칠고 잡초가 무성한 푸서릿 길
길은 단순히 밟고 지나가는 것이 아니라
이정표 없는 삶을 인도하는 이정표다
우리는 평생 길 위에 서 있다
누군가는 헤매이고
누군가는 잘못된 길을 가고
누구는 한 길로 묵묵히 간다
결국 우리는 길 위에서
길을 물으며 살아간다
인생이 곧 길이요
우리의 발이 곧 삶이다

서해의 해변

은빛 모래가 펼쳐지는 바닷가
수많은 이야기 소리
파도와 함께 속삭이듯 들려온다

나의 이야기 산책은
바다를 걷는 것으로 시작이다

지나온 날 쌓이고 쌓여 있는
사연들을 바다에 띄워 보낸다

작은 조개 껍데기 속에도
말 못 할 이야기 숨겨있듯이

고요한 파도는 삶의 용기를 주고
긍정의 방향 이끌어 준다

빗물처럼 스며드는 생각들
파도 소리와 함께
내면의 고요를 찾는 성찰의 시간

기쁘고 슬픈 순간들
모두가 함께 울고 웃던 이야기

고요한 해변을 걸으며
존재의 의미를 깨닫게 한다

찔레꽃

소박하게 피어난 하얀꽃
그리 화려하지 않지만
한여름 그녀에게서 꽃다발을 받은 듯
매우 반갑기만 하다

만개한 찔레꽃은 피고지며
나들이 가는 여인의 분내인 양
짙은 향기는 신선하게
바람 타고 코끝으로 다가온다

한낮의 벌들이 꼬여드는 찔레꽃
잉잉거리는 소리 듣기 좋고
로맨틱한 향기 아련하게 떠오르는
고향이 그리워지는 꽃이다

억센 가시를 달고 있는 찔레꽃
산골 어디라 할 것 없이
흐드러지게 피어있는 꽃향기가
언덕 넘어 코끝을 간질인다

당신을 그리워합니다

어머니 이제 쉬십시오
밖에는 찬바람이 불어요
따끈한 물 한 모금 따라줄 사람 없었다지요
평생을 우직하게 살아오신 어머니
이제는 편히 쉬십시오

어머니 자꾸만 그립습니다
뼈아픈 고뇌와 번민 속에
버릴 수 없는 움막인 듯 그림자만 밟습니다
기나긴 이 밤 어이 지새웁니까

어머니 한겨울이 지나면
복사꽃 파고 지는 새봄이 온답니다
어머니의 따스한 봄은 언제 오시려는 지요

기다려지는 마음은 벌써
어머니가 계신 고향으로 달려갑니다
거기 계신 듯 나지막이 불러봅니다

하얀 민들레

밤하늘에 반짝이던
수많은 별들이 땅에 떨어져
꽃 피워낸 하얀 민들레

내사랑 그대에게 드려요 라는
꽃말을 가진 민들레

서쪽 들녘
모래 언덕 위 족두리풀 곁에서
모진 풍파 다 이겨내며
올올이 세월에 맞서
제 몫 다해 질긴 생 살아 간다

언제나 홀로 피어
들녘에 묻힌 옛이야기
하얀 꽃술에 담고 있겠지

상사화

기억은 추억이 되고
추억은 그리움으로 남는다
모든 그리움 뒤에 내가 있다

항상 함께할 때
들리던 그 소리는 사라져가고
적막이 그리움을 만들어낸다

이제 멀어져간 사람들
사랑했던 목소리가 겹겹 쌓일 때

서로가 어긋난 운명이기에
사라진다는 것은 이런 것

고마움과 그리움은
과거로 남아 묻힐 수밖에 없는 것

무엇을 위해 그토록 달려가야 하나
잊지 못하는 마음 어디에 두어야 할까
지나온 추억을 더듬는

젖은 장작

닭장 옆
마당 한 귀퉁이에
솥걸이 하나 만들어 놓고
나물 삶고 콩 삶으며
식구들 먹여살렸던 장작들

아주 오래전 부엌에서
할아버지 방에 군불 때고
쇠죽 솥 아궁이에 불을 지폈었지

때로는 덜 마른 장작
불이 잘 붙지 않아 매운 연기만 날 때
바람을 일으키는 풍구가 있어
살아난 불꽃 활활 타올랐었지

흐린 날
해무와 구름과 석양이
저녁 노을을 만들어 갈 때
큼직한 무쇠솥 걸고
뒷산에서 가져온 장작으로 불 지폈었지

습기가 가득한
덜 마른 장작이라
잘 타지는 않고 매운 연기만 솟구쳐
눈물만 핑 돌았었지

뻐꾹새 울던 여름

작은 고을에 옛사람 드물고
낯선 사람이 눈에 띤다

어릴적 친구들 함께 건너며
물장구치던 작은 개울
지금도 개울물 그대로인데
다정했던 친구는 다 어디로 갔을까

건너편에서 촌부 한 분이 건너오신다
빠꾹새 울던 여름 손수 감자떡 해 주시던
이웃집 할머니시다
할머니 안녕하세요?
에구 거기 누구 아니여 하며 알아보신다

할머니 그때 함께 먹고 놀던 민이 소식 아시나요
아! 그애 지난 여름 한 번 다녀갔지
도회지 물을 먹어서 얼굴은 곱기는 하다만
그 애도 많이 변했어
자네 소식 묻더니만 내가 알았어야지 하신다

언제가 만나 볼 날 있겠지
잔잔히 흐르는 작은 개울물
나의 얼굴에 민이 얼굴이 겹친다

싸리꽃 향기

붉은 보라로 치장한 싸리꽃
늘어진 가지마다
곱디고운 어머니 얼굴로 여리게 피었다

귀한 줄도 예쁜 줄도 모르고
스치듯 지나쳤었다
다가가 자세히 보니
붉은 보라색 꽃잎이
어머니 치마저고리 옷고름 닮았다

꽃망울은 버선코처럼 단아하고
꽃핀 모습은 수줍은 새색시 같고
꽃이 품은 자줏빛은
왠지 외롭고 쓸쓸하게만 보인다

새끼손톱을 닮았을까
작은 꽃 자주빛은 한적한 산길을 걷고 있는
촌로의 얼굴빛 같다
어머니의 젖가슴 냄새가 난다

옥수수

초여름 볕을 받으며 익어가는 옥수수
촘촘히 박힌 알갱이들이
윤기를 띤 채 모습을 드러낸다

여름철 보양식으로
남녀노소 누구나 좋아하였기에
삶과 정이 가득 담겨있어
그 고소한 맛이 세월을 이겨낼 수 있었지

훌쩍 커버린 소년이
자다가 일어나서
헝클어진 옥수수 수염 달고 환히 웃고있네

천덕꾸러기처럼
옥수수 이빨 드러내면서

아내생각

작은 멧새 두 마리 날아와
창가에 살포시 앉았다

간밤에 내린 빗물
장독위에 고여있다

누가 들을까
소곤소곤 작은 소리로
"목욕할 때 보는 사람 없겠지"

날아온 멧새
양날개 퍼덕이며
정겹게 번갈아 가며
목욕을 즐긴다

오늘은 허리 아파 누워있는
아내의 등을 닦아 준다면 좋아할까?
아내는 어떤 표정 보일까?

2부

다람쥐가 사는 마을

초록색 향기가
몹시 그리운 봄 날
몸과 마음속에 초록향기
가득 채우고 싶다

홍천의 가리산
언덕배기 고갯마루에
연리목 희귀한 나무가 자라고 있다

수려한 산세에 어우러진
장구실 골짜기와
용소간 폭포의 맑은 물소리가
가슴까지 파고든다

이른 봄 계곡에서
가장 먼저 잎새를 틔우는
귀룽나무 가지 사이에
작고 귀여운 줄무늬 다람쥐가
바위 위로 뛰쳐오르더니
한참을 자리를 뜨지 않고 바라만 보고 있다

산속의 움막

들판이나 산을 사랑했기에
나즈막한 움막하나 지었다

가물가물 촌락 사이로
하늘하늘 구름 연기 피어오르면
뒷집 멍멍이 제집에서 짖어 대고
장닭은 뽕나무 위에서 긴 울음운다

널따란 밭가에
단감나무 몇그루 심었다
찬바람에 단감은 익어가는데
온다던 벗님네는 아니 오고
몇 마리 까치가 날아와 쪼아 먹는다

어느덧 서산에 해가 지면
무성한 수풀엔 어둠이 내리고
물까치 새들도 숲으로 향한다

옛숲 그리워하며
기다리는 내 맘을
까치는 알겠지

소쩍새

새소리 바람 소리
깊이 잠든 여름밤
멀리서도 아니요
가까이서도 아닌 곳에서
애잔하게 울어대는 소쩍새

소쩍 소쩍
소쩍새 우는소리 깊어가는 밤
서쪽에 누가 살길래
두고 온 임 기다리는지
밤새 울어대는 울음소리 들린다

슬픔조차
그리움 되어버린
두물머리 강물로 소쩍소쩍
밤이 새도록 흐른다
나도 따라 밤새도록 울음 운다

당신과 나

살아가는 동안
나이는 접어놓고
상큼한 능금처럼 살고 싶다

사랑의 심지
깊게 담은 등불처럼
아낌없이 내어주는 마음으로

그 길 가다 보면
익을수록 고개 숙인
들녘의 벼 이삭처럼 살고 싶다

때로는 구름 한 점 담은
숲속의 맑은 호수처럼

따뜻한 마음 안고 살아가는
풋풋한 당신과 나
서로 등 기대며
도란도란 이야기꽃 피우며 살고 싶다

고택에서

담양의 고택마을
마을 입구 시원한 물소리가
객의 발걸음 멈추게 한다

한적한 골목길 들어서면
무너진 지 오래된 담장이
못내 서글퍼 울분을 토한다

늦은 오후
빗소리 들으며 좁다란 길따라
다시 한바퀴 돌아보니 한없이 울적해 진다

한때 불호령이 내려지던 고택들
가문의 영광 사라진지 오래
주인 없는 폐가를
노송이 홀로 지키고 있다

메마른 기왓장 사이로
비집고 나온 담쟁이 넝쿨

찾아주는 이 없지만
망초꽃 흐드러지게 피어 객을 반기고 있다

우물은 이미 말라있고
텅빈 빨간 우편함은 주인을 잃고
손때 묻은 녹슨 자물쇠만이 나를 기다리고 있다

일장춘몽

나는야 산중의 야생화
꽃바람이 났다
보아 주는이 하나 없어
자존심 상했나

비 내리는 어느날
거리로 나섰다
많은 사람 붐비는 길가
분단장하고 얌전히 앉았다

꽃을 피운날
오가는 사람마다
사랑스런 눈빛으로
한 번씩 어루만져 준다

꽃은 얼굴 붉히며
향기로운 미소 짖는 찰나
팅겨온 흙탕물에 날벼락으로
온몸을 뒤집어 쓴다

꽃피우는 사람은 잠깐
신바람의 즐거움도 한 순간
너를 보니 나를 닮았구나
서로 돌보며 위로를 삼자꾸나

금혼식

흰 눈이 소복이 내린 날
그해 12월은 몹시도 추웠지
안양역 앞 원앙예식장에서
하객을 모셔 놓고 예식을 올렸지요

생각하면
마치 엊그제 일 같건만
벌써 50주년이 흘러
금혼식을 맞이했네요

이제 앞으로
살아갈 날이 몇 해나 남았을까
여보, 우리 두 손 꼭 잡고
이 생명 다하는 날까지 함께 갑시다

한평생 곁에서
온갖 시중 다 해가며
힘든 내색도 하지 않고
밝은 모습만 보여 왔지요

늘 옆에 함께 있어 줄 당신
언젠가 누가 먼저 간다면
울지 말고 잡은 손 편히 놓아주고
우리 다음 세상에서 다시 만납시다

국화꽃

찬바람 이는 늦 가을
어제와 오늘의 기온 차가 넓다
호사스럽던 단풍잎도
바람이 이는 대로 흩날린다

길가의 가로수 새끼줄로
촘촘히 동여매고
잎 다 떨군 앙상한 가지로 남아
겨울을 준비한다

이처럼 쓸쓸한 계절에
마음을 달래 주는 것
찬 서리에 아랑곳 하지 않고
피어있는 국화꽃

인적이 드문 산야에
자유롭게 피어난 들국화 향기는
길 떠난 나그네의 옷자락에 담겨
머언 길까지 전해 진다

산등성이 비탈길 언덕
가꾸지 않았어도 홀로 피어난 꽃
빛과 향기 조금도 거짓이 없기에
그 꽃을 나는 사랑한다

최고의 선물

아름다운 마음은
좋은 생각을
많이 하는 사람에게
주어지는 선물이다

아름다운 마음은
내 곁에 있는 사람을
기쁘고 편안하고
행복하게 해준다

아름다운 마음은
마치 샘물과 같아서
아무리 퍼내도
퍼낸 만큼 고이게 마련이다

사랑하는 일
아파하는 일
함께 나누며 채워주는 마음
모든 것 내어줄 줄 아는 당신

인생의 맛

쓴 듯 하다가
어느새 달고
떫은 듯 하다
시면서
매운 맛도 있다

새빨간 열매
올망 졸망 매달린 오미자
인생의 삶을 얼마나 살았기에
온갖 맛을 다 지니고 있나

풍파가 많은 세상살이
인간사 두루두루 경험해도
단맛만 맛볼 수 없듯이
거친 세파에 쓴 맛도 있다

겉으로 보기에
곱고 아름다운 오미자 열매
숨겨진 속사정 감추려
인생 역정 화딱지로 빨갛게 매달려 있다

쉼표와 마침표

인생의 긴 여정
시간의 세밀한 나눔있다
쉼은 일에 대한 효율을 갖는다

같은 길을 걷고 같은 일에
쉼표가 없다면 얼마나 지루할까
악보를 펼쳐봐도 쉼표가 있고
책을 읽을 때도 쉼표가 있다

굴곡이 심한 긴 세월
과정마다 쉼표 찍을 때가 있고
마침표를 찍을 때가 있다
마침표 많큼은 많은 시간을 가지고
신중을 기해야 한다

감정의 소용돌이에 휘말려
쉼표가 아닌 마침표를 잘못 찍어
인생의 뒤안길에서 후회하는 일이 없기를
아름다운 마침표는
새로운 삶의 시작이기도 하다

어머니의 밤

수많은 업보 짊어지고
평생을 살아오신 나의 수호자여
야속한 님은 어이가시고
홀로 지새우는 이 밤
밤이슬 차가운 줄 모르고
가녀린 소쩍새 구슬피 우는구나

동산 언덕배기
밤낮으로 넘나들며
주름진 뒤 뜰 아래
나를 기다리시던 어머니
옛이야기 나누다가 탄식할까 울먹일까
소리라도 한 번 크게 질러보고 싶구나

간이역

짙은 숲 내음
바람결에 실려 와
길게 굽이쳐 뻗은
녹슨 철길 위로 내린다

험준한 골짜기
아홉 마리 학이 놀던 구학역
객은 보이지 않고
역사건물 홀로 지키고 있다

고즈넉한 간이역
플랫폼으로 이어진 길목엔
이름 모를 들꽃 피어 있건만
산촌의 인기척 멈춘지 오래다

나뭇잎마다 빛을 잃고
애처롭게 울어대는 풀벌레
들려주고 싶은 이야기도 많건만
이제 귀 기울여 들어줄 사람 드물다

터미널 대합실

깊어만 가는
어둠 속으로
마지막 기적소리
멀리 사라진다

등불마저 희미한
텅 빈 대합실
팔장 끼고 우두커니
벌써 몇 시간 째

고개 숙인 눈빛 속에
그리움만 가득한데
기다림의 눈물은
가슴으로 흐른다

떠나는 버스 뒤 꽁무니 바라보다
야속한 사람 아니 오고
차가운 전등 불빛
시린 가슴만 적신다

풀잎처럼

풀잎에 맺혀 있는 이슬
영롱한 빛에 이끌린다

모든 생각과 욕심
겸손한 마음 생기게 하여
감싸주듯 부드러운 풀잎
촉촉한 풀내음 위로를 받는다

본질의 모습 그대로
떨어질 듯 맺혀 있는 이슬

역리하지 않는 순종으로
고요함 속에서 움트는 강한 생동감

비를 맞으며 바람을 맞으며
겸손히 저항하지 않고
누워서도 용기 잃지 않는다
쓰러져도 다시 일어 난다

오월

창공엔
구름 한 점
유유히 흐르고

나뭇잎
하늘 가린 숲속에서

제 멋에 겨워
목청 높혀
노래하는 산새들의 합창

고향

산모퉁이 하나
돌아서면
종달새 노래하며
옹기종기 마주한
작은 마을 있다

흙냄새
풍기는 고향길
밟고 걸으면
사랑방 이야기 들려온다

산 너울
등에 이고
오솔길따라
숨바꼭질하던

지난 날
깨알 같은 이야기꽃이
소록소록
피어나는 마을 있다

3부

광대의 미소

찰그락 찰그락
엿장수 허공을 가르는 가위소리
굿거리장단에 보란 듯
이리 저리 잘도 자른다

빨강코에 분장단하고
구성진 장타령에 바보 같은 춤도 춘다
성한 곳 없이 기워 입은 누더기 옷
조금은 애잔한 모습이다

많은 사람 불러 모아
호박엿 몇 개 팔았다고
광대 웃음 선사하는 각설이
최고의 행복 누리는 지상의 전도사다

징검다리

물이 흐르는 실개천
우뚝둑한 돌덩이 놓아 만든 징검다리
지나갈 길을 연결해 준다

힘껏 내딛는
발걸음을 이어주며
삶의 쉼표 한 부분을 생각하게 한다

모두를 편히 건너게 하면서
물의 흐름을 방해하지 않으며
물결의 부딪침은 있지만
너와 나 사이를 이어주는 징검다리

거센 물살을
온몸으로 받아내면서
그 자리를 묵묵히 지켜내고 있다

혼자 힘으로
건너기 힘든 세파의 물결

수심은 얕아 보여도
물살은 세차게 흐르고 있을 때

징검다리는
나를 밟고 가라 한다

그 강을 건너면

앞이 캄캄한 어둠의 강
헌신의 밝은 빛으로
막혔던 길을 열어가 보자

소외된 너와 나의 강
겸손과 사랑의 정신으로
내가 먼저 손 내밀어 보자

고통과 아픔이 놓여있는 강
치유와 위로의 마음으로
두 손 꼭 잡고 건너가 보자

협치와 화합의 정신으로
발길 머무는 화평의 거리로
우리 함께 손잡고 건너가 보자

찻잔 속의 그대

빈 찻잔 속에
가득 풍겨 나는 향기
그대와 함께
차 한잔하고 싶어요

당신을 위해
따끈한 꽃차 한잔
준비해 놓았어요

오늘 같은 날
비는 내리는데
찻잔 속에 당신의 얼굴 담겨있네요

차 한잔 함께 하면서
당신의 밝고 환한 미소
보고 싶어요

흔적

모래 언덕의 바닷가

멀리서 석양의 훈풍 불어오니

파도소리 따라 사랑노래 부르며

무심코 걸어오는 여인

모래를 안고 불어오던 바람

흔적도 없이 님은

어디로 갔을까

강아지 풀꽃

반달처럼
입꼬리 올리며
방긋 웃는 그녀
강아지 풀꽃을 닮았다

불그스레한 두 볼
희쭉이 고개들고
환히 웃을 때면
산마루에 걸친 조각달 이련가

이름 모를 들꽃 향기로 다가와
포근히 감싸 안을 때
강아지가 꼬리치며 활짝 웃는다

복사꽃 당신

따사로운
봄 햇살아래
연분홍 복사꽃이 피었다

영원히 당신의 것입니다 라는
꽃말을 가진 매력의 복사꽃

살랑 살랑
봄바람에 나뭇가지도 흔들흔들

4월이면
화사한 연분홍으로
시선을 사로잡는 복사꽃

마을과 복숭아밭 사잇길 걸으면

봄
꽃
바람

하늘과 어우러진
도화원

사랑하는 이와
사랑스런 순간들
어느새 사랑의 노예가 된
복사꽃 당신

그곳에 가면

찔레꽃 향기 가득한
외딴집 한 채
구름마저 머무는 그곳에 가면
뒷산에 접동새가 서럽게 울고 있다

먼 산 바라보며
그리움에 고독을 벗삼고
외롭게 살아가는 한 사람
꿈속의 연인을 기다리고 있다

오랜 세월 삶의 뒤안길
바람불어 낙엽 지면
겹겹이 쌓인 세월의 흔적
옹기항아리 위에 그리움만 쌓이고
인연은 강물 위로 윤슬처럼 흐른다

상사화

이른 봄
차디찬 땅을 뚫고 올라온
푸른 잎들이
아름다운 꽃과 만남을 앞두고 있을 때

너는 기다림에 지쳐
애절하게 잎은 스러지고
찬바람 불어 오는날
뒤늦게 꽃대를 올려 화사한 꽃 피운다

잎과 꽃이 서로 그리워 하지만
영원히 만날 수 없으니
마치 사랑의 숨박꼭질하는 연인 마냥
슬픈 인연의 상사화

꽃 피우기 위해
잎을 희생하는 상사화
인내와 기다림 그리고 사랑의 의미
마음을 울리는 그리움의 꽃

물방울 속 세상

어느날
고운 이슬방울이
밤사이 촉촉이 내린 아침

풀잎에도
달맞이 꽃 위에도
조롱박 위에도
방울방울 맺혀
동녘의 햇살에 반짝인다

영롱한 물방울 속에
이 땅의 모든 이야기를 담고 있다
푸른 햇살이 닿을 때마다
물방울은 일곱 무지개색으로 빛난다

물방울 속 세상을 들여다 보니
나도 물방울 속에 갇혀있다
물방울 속 무지개 타고
미지의 세계로 훨훨 나는
꿈을 꾼적 있었지

저물어 가는 길목

가을바람이
나뭇가지와 숲을
훑으며 지나는 소리

쌀쌀한 서북풍에
지표를 덮고 있는 식생들이
차츰 메말라 가면서
서걱거리는 소리

더위가 물러서니
추위가 오는 것일까
추위가 닥쳐와 더위가 비켜서는 것일까
번갈아 찾아드는 계절

초록이 아낌없이 자리를 내주고
갈색과 붉은색의 가을 잎사귀들이
산야를 덮고 있다

한 해가 저물어 가는 그림자

에덴의 꽃

에덴의 동산지기
생명을 가득 품고 있는
낙원의 삶

바람불어 좋은날
높새바람에 실려왔을까
뭉게구름에 얹혀왔을까

이른 봄부터
늦가을까지 동산엔
화사한 꽃들의 잔치 속
벌과 나비의 세레나데

고목나무에
새싹이 돋아 나듯이
어느덧 머리엔 백합꽃이 피었지만
주름진 얼굴엔 복사꽃 웃음도 피었다

내가 좋아하는 보랏빛 당신
당신이 좋아하는 아기 제비꽃
언제까지나 내 곁에서
고운 빛으로 남아주오

언덕에 내린 햇볕

이틀 동안 내린 비
차거워진 날씨에
패딩 점퍼가 좋기만 하다

푸른 물감이
내려앉은 바닷가
불어오는 바람 속에
찬 기운 숨어있다

온 세상이 맑다
먼지 하나 없고
파아란 하늘엔
하얀 구름 몽실몽실

상쾌함이 있어 기분 좋고
억새풀 하얗게 피어
폴폴 날아갈 것만 같다

맑은 햇볕 언덕에
연보라색 해국
쑥부쟁이도 덩달아 꽃을 피웠다
멀리서 그리움이 밀려온다

갯벌에도 단풍들다

산마다 붉게 물든 단풍
가을의 화려한 예술이다

시샘 하듯
바닷가 갯벌엔
습생 식물들이
붉게 변신하며 닿아 오른다

산에 있는 단풍보다
더 진한 자줏빛
서해 갯벌에 들어서면
자주색으로 물든 뻘밭을 볼 수 있다

염분이 있어도 살 수 있는
함초와 나문재, 해홍나물
염생 식물들이 무리를 이룬
장엄한 레드카펫 뻘

넓은 갯벌엔
무리지어 자생한
함초 밭이 끝없이 펼쳐져 있다

가을의 해가 떨어질 무렵
하늘도 온통 함초잎 빛깔이다

언덕위에 피어난 해국향이
널리 퍼져 나간다

빛의 바다

황량한 빛의 바다

도심의 불빛은 낮과 밤이 없다

달리는 자동차의 움직이는 빛

쉼 없이 번쩍이는 광고의 빛

거대한 빌딩에서 품어 나오는 빛

창문마다 밤새도록 꺼질줄 모르는 빛

그리고 저마다
손에 들고 다니는
스마트폰의 빛까지
빛의 공해 속에서
하루가 멀기만 하다

이곳

숲속의 밤은

묵향 닮은 어두운 하늘

미리내 별빛이 내려와

작은 반딧불이와

밤새껏 속삭이며 놀다 간다

별빛이 이는 마을

영천 보현산 양지마을
경운기도 자동차도 힘 못쓰는 마을
부지런한 할아버지와 암소 한 마리 있다

푸른바다 한 폭을 펼쳐 놓은 듯
보현산의 하늘은
별들이 쉬어 갈 수 있도록
항상 비워두고 있다

소가 있어 할아버지가 사시고
할아버지가 계셔 소가 살고
서로 의지하며 살아가고 있다

금새라도 쏟아져 내릴 것 같은
수 많은 별들이 있고
순하디 순한 소 한 마리 있어
세월에 빛바랜 노부부의 여유가
한폭의 풍경화를 만든다

말없이 우직한 암소의 선한 눈빛
평생 한가족으로 동반자로
서로 아껴주며 주인과 같이 늙어가는
뚜벅뚜벅 걸음걸이가 아련하다

그림같은 풍경
시간이 머물다 천천히
눈에서 머릿속을 지나
가슴에 맺히는 풍경들이다

두바퀴로 만나는 세상

걸음보다 경쾌하고
자동차보다 여유로운
두바퀴 여행의 묘미를 즐긴다

때로는
시골 구석구석
숨은 명소 누비며 달려
그 고장의 맛과 멋을 한껏 누린다

아름다운 풍경
명소마다 얽힌 사연
맛깔스러운 향토 먹거리
정겨운 이웃의 이야기 있다

온갖 보약보다
더 좋은 약은
물과 바람을 벗삼아 달리는
자연 속에 숨겨져 있다

나무 아래

나무는
점점 더 푸르고 짙게
꿈을 키우며 성장한다

한낮의 땡볕
그늘이 되어준 나무아래
작은 평상 하나 놓으면
땀흘린 일손 내려 놓고
누워서 쉼을 갖는다

저녁이면
온 가족이 둘러 앉아
두레 밥상 차려 놓고
오붓한 정을 나눈다

서쪽새 울면
하늘의 별들도 내려와
초록 잎새 위에서
밤새껏 놀다 간다

물방울 속 세상

박상덕 시집

4부

할미꽃

짙은 자줏빛 꽃잎
연미색 수술이 참으로 탐스럽다
양지바른 무덤 주변
자리잡고 살아가는 할미꽃

붉다 못해 검붉은 꽃
겸손한 마음으로
고개 숙이고 머리 조아려야
겨우 꽃과 마주할 수 있다

꽃을 뒤덮고 있는 흰털
꽃이 지고 나면 호호백발
흰 머리카락 길게 늘어져
애처로움과 처량함이 느껴지는 슬픈 꽃

함께 가는 길

영원할 것 같고
무한할 것 같은
착각 속에 지내고 보면
어이 없게도 찰나인 것을

꽃길 같은
아름다운 행복을 꿈꾸며
하늘이 맺어준
인연으로 살아간다

젊음은 찰나 일 뿐
언젠가는 늙고 병들고
누군가 먼저 가버리는 세상
고독한 인생 여정의 연속

가까우면서도 멀고
멀면서도 가까운 부부
곁에 있어도 그리운게 부부

한 그릇에 밥 비벼 먹고
같은 컵에 물 나눠 마셔도
괜찮은 부부

둘이면서도 하나이고
혼자이면 외로워
병이 되는게 부부

인생 최대 행복은
부도 명예도 아닐테니
사는 날 동안

나눔의 행복

낯선 땅에 와서
누구를 만나 좋아하게 되고
친구로 삼게 되어도
진정 아름다운 우정으로
남고 싶다면 욕심은 버려야 하겠지

그냥 친구가 되었으면
그 사실 만으로 기뻐하고
어쩌다 모질게 떠난다 해도
내게 준 우정으로
내게 준 기쁨으로
내게 준 든든한 마음으로
그냥 기뻐해야 할 것이다

진정한 우정은
세월이 지날수록 더
아름다운 믿음으로 남으니
서로에게 의지가 되는
참 좋은 친구로

아픈 날에
어려운 날에
참으로 힘든 날에도
우정이 더욱 돈독해지는
너와 나의 만남이었으면 좋겠다

숲속의 하루

동산 우거진 숲
숲에는 안개비가
스멀스멀 오락가락한다

비가 내리면
나무가 웃는다
나무가 웃으니 숲들도 춤을 춘다

숲 바닥은
질퍽거리며
비를 머금은 나무줄기
한쪽은 어둡고
한쪽은 본연의 색채로 치장한다

나무 가장자리에
물방울이 맺혀
대롱대롱 위태로워도
영롱한 자태로 매달려 나를 유혹한다

나무 아래서
연약한 몸짓으로
빗방울의 무게를
견디고 있는 어린 야생초

이제 막 세상에 나왔으니
이곳이 천상의 화원이란다

비움의 미학

초록이 아파 붉게 물드는 것이 아니라
초록의 생명이 막바지 열정을 뿜어낸
절정의 환희일 것입니다

노년도 저 금빛의 들녘과 단풍든 나무처럼
아름다운 모습으로 서서히 물들어가는 것이지요
늙는 것을 서러워 마십시오
오늘도 이 시간을 즐기며 사십시다

설렘보다 희열을 먼저 맛보려 하며
노력보다 결과를 먼저 기대하기 때문에
마음이 탐욕스러워집니다

계절의 변화 속에서
한 송이 꽃을 피워내는 데도
긴 기다림의 시간이 필요합니다

늦가을의 들판을 보십시오
마른 수숫대가 서걱거리는 빈 들판에도

먼 훗날을 바라보며
빈들을 가득 채우고 있는 이 있습니다

비우면 자신의 모습이 더 잘 드러나며
모두를 품고 살아갈 때 행복한 나날이 주어집니다

곱게 물든 단풍
나무는 자신이 소중하게 간직하고 있는
물을 조금씩 비우면서
꽃보다 더 아름다운 모습을 보여줍니다

모든 일에 순리를 따르면
삶의 가치가
더욱 밝고 아름다워질 것입니다

어떤 인연

마당 한 켠
한 포기 흑장미
곱게 피던 날

그대는 한송이 꽃이 되어
안개 속으로 숨어 들어갔지요

차디찬 바람 일 때면
더욱 그리워질 때도 있지만
때로는 간간이 잊을 때도 있지요

임의 입술 닮은 붉디 붉은 새순
바라보고 있노라면
왠지 울컥해지는 마음에
눈시울 젖기도 하지요

만남이야 우연이라 말하겠지만
인연이라는 밀물이 밀려왔다가
썰물 같은 이별도 있지요

우연을 가정해서라도
장미향 가득 품고서
다시 만나는 그날 그려봅니다

누름돌

장독대 옆
반들반들하고
둥글넓적한 돌 하나
어머니 손때 묻은 정겨운 돌 하나

부풀어 오르는 김치 위에
살짝 올려 다독여 주면
무게로 인해 숨을 죽여
김치맛 살아나게 해 주는 돌

때로는
감정이 복받쳐 오를 때
자신을 억누르어
오르지 희생과 사랑으로
옛 시절을 살아왔으리라

작은 언사에도
불평과 불만으로 상처받고

깨어진 심사
지그시 눌러주는 그런 돌은 없을까

언제라도
억제할 수 있는 돌 하나
꾸욱 눌러 가라앉힐 수 있는
누름돌 하나 잘 닦아
마음속 깊이 품고 살면 좋겠다

시절 인생

아날로그 라디오
한 대만 있으면
세상 부러울게 없던 그 시절

친구들을 굳이
초대하지 않아도
친구들이 찾아오면
조촐한 밥상 앞에 나눔의 꽃 피어났다

맨발로 뛰어다녀도
야단치는 사람 없었고
굴렁쇠 장난감은
직접 만들어 놀았지

해 질 때까지
들판에서 뛰어놀다
목이 마르면 샘물에서
물 한 바가지 퍼 가지고

너도 한 모금
나도 한 모금
주거니 받거니 하던
그 시절이 그립다

사과꽃 필 때면

사과꽃이
사랑을 몰고 오듯
밤새 활짝 피어나
환한 미소 띠우며 웃고 있다

향긋한 꽃냄새
윙윙거리며 날아온
꿀벌들이 마냥 신났다

가을 높새바람에
익어가는 홍로사과
서리 내릴 때 쯤
가장 맛좋은 황금사과
보암직도 하고 먹음직도 하다

연분홍색의 사과꽃
은은한 사과향
꽃차로 만들어 마셔보면
깔끔하고 상쾌한 맛이 일품이다

일상의 용어대로
사과라는 말
화해와 용서를 뜻하기에
사과처럼 새콤달콤 맛있는 삶 가꾸며 살자

노후 보장

우리집 거실에
소파가 놓여있는 남쪽은
전면이 유리창인데
찻잔 들고 바라본 풍경이 일품이다

동녘의 햇살이
서쪽의 수목에 비추면
나뭇잎들이 환상적으로 빛을 발한다

멀리 내려다 보이는
들판의 수풀과 수양버들이
마치 내 집 앞마당 인양
두 눈에 쏙 들어 온다

가꾸는 수고도 없이
그 안에 가득한 비경들
소유하지 않으면서도
행복과 기쁨을 누리는 부자다

우리집 아침은
푸성귀 가득한 조촐한 식단이
노후를 보장하는 보람이요
건강을 채워주는 보물상자다

흙마당의 추억

옛날 시골 흙마당
보리타작을 시작으로
잘 익은 콩 수확이 끝나면
가을에 벼 타작으로
마당은 쉴 틈 없이 바쁘다

흩어진 곡식알 주워 먹는
닭이나 오리는 신바람 났고
하루해 저무는 마당에
철없는 아이들의 웃음소리
가득 넘쳐나는 놀이터였다

지금은 잡초로 뒤덮힌 마당
그 시절 늘어진 빨랫줄
긴 장대가 받쳐주고
열 식구 빨래 널어 말려주면
그 보송함은 속이 다 개운하였다

달빛 스며드는 여름밤
밀짚 멍석 깔아 놓으면

마당에서 올라오는 시원한 기운에
더위는 어느새 사라진다

모닥불 매운 연기에
풀냄새와 두엄 냄새가 섞여난다

재 너머 솔 숲속에서 소쩍새
밤새 울어대고
연못의 맹꽁이 목 터져라
짝꿍을 불러 댄다

이야기가 살아 숨 쉬는
시골 마당이 마냥 그리워진다

내 안의 파랑새

파랑새 날아들기 바라며
감나무 위에 새집 하나 지어
매달아 주었다

언젠가 반드시
행복 가득 안고 찾아올 파랑새

기다려도 기다려도
파랑새는 찾아오지 않고
낯선 물까치 한 마리 찾아들었다

행복은 그리 쉽게 찾아오는 것도
만들어지는 것도 아닌가
행복은 멀리 있는 것도
누가 가져다주는 것도 아닌가 보다

시원한 맑은 공기
숲의 노래가 있는 곳
아련한 햇살 주워다가
해질녘 바라보는 행복이 여기에 있다

곁에 사랑하는 이와
내가 하고 싶은 것
마음껏 다 하면서
내 안의 파랑새 안고
행복 가득 채워가고 싶다

만물장수

만물 트럭에 몸을 싣고
하루해가 짧도록 달리며
길 위의 인생 살아가는 만물장수

버스조차 없는
굽이진 산길 따라
두메산골 마을 찾아 사랑 싣고
오늘도 휘파람 불며 달린다

집 세 채만 있으면 마을이 되고
다섯 채가 되면 큰 마을 되니
깊은 산골 외진 마을엔
릴리리 노래 울려 퍼지며 찾아온 만물트럭
마을에 큰 장이 서는 날이다

집집마다 허리 굽은 늙은이
두부 한모에 고등어 한 손
외로움 속에서 깊은 정을 나누며
할머니의 헛헛한 웃음이 하회탈 같다

며칠에 한 번 찾아오는
만물차를 기다리는 단골 할머니
구수한 빈대떡 부쳐놓고
기다리는 마음 바라만 봐도 배부르다

여름 숲

긴 장마 끝나니
솜털 구름 사이로
서늘한 숲과
푸르름이 제멋인 곳에서
초록의 신선함에 한껏
묻혀보고 싶다

짙은 녹음 숲
호젓하게 걸으며
치유의 시간 맘껏 누린다

걷다 보면 작은 쉼터
잠시 앉아 명상에 젖는다
새소리 바람 소리
복잡한 생각 사라지니
한없이 평온해지는 마음

산길 어디에나
이름 모를 야생화가 지천이다

검정 나비 한 마리 춤을 추며 날은다
여름은 역시 숲이야,
삶의 활기와 자신감이 채워진다

갈음이 해수욕장에서

물따라 길따라
삼삼오오 모여든 인파
노을구름 등에 지고
소슬바람에 밀려 걸어갔네

푸른빛 거친 물결
밀려드는 태안 갈음이 바닷가
파도의 결따라
저 멀리 바닷새 날아오르네

빈 껍질 고동은
아무런 대답 없으니
적막한 시공을 넘어
파라솔만 외롭게 기울어져 있네

드넓은 백사장
얕은 수심에 물은 맑아
하얀 모래밭 속살 드러내고

울창한 해송
언제나 포근한 안식처
밤새워 이야기꽃 피워내네

길다란 해안
사구를 지나면서
한낮의 은백색 고운 모래
드러낸 맨발 간지럼 태우니
텅빈 바닷가에서 웃음꽃 피어나네

내가 만난 작은 친구

촉촉한 봄비가
쉼 없이 내리는 봄날
깊은 숲 속 비탈진 언덕에서
자신만의 축제를 연다

가시덤불이 있어
함부로 다가서기 어렵지만
삐죽이 고개를 내밀고 올라온 고사리
산뜻한 봄을 맞이하고 있다

덤불 깊숙이 우뚝 서 있는 고사리
몇 개를 발견하고 다가가지만
마른 나뭇가지에 찔리고
가시넝쿨에 걸려 넘어져
엉덩방아를 찧고
머리끄덩이까지 잡힌다

따사로운 햇볕을 받으며
옹골진 주먹 꼭 쥔 아기 고사리

한창 땅을 박차고
우뚝우뚝 일어서고 있다
사랑하는 손주와 손녀가 보고 싶다

함께 걷고 싶다

생각 많은 날
마음마저 술렁일 때
산책은 좋은 친구가 되어 준다

걷다 보면
아이들 웃음 끊어진 빈집
구름을 뚫고 내리는 빗줄기가
양철지붕에 부딪쳐 울고 있다

날이 갈수록 쌓이는 먼지
마음을 아프게한 상처도
생각의 문을 열고
모두 날려버려야 한다

바람 가득한 작은 산위로
아름다운 저녁놀 펼쳐지면
먹구름 낀 기분은 금새 옅어 진다

밝고 가벼운 마음으로
언젠가 마무리 될 그날 위해

마음을 움직이는 바람길 따라
모든 것 내려놓고 함께 걷고 싶다

감자꽃 필 때면

설렘이 만개하는 계절
풀내음 동산에 맴돌면
다시금 새생명을 깨우고
산골도 분주해지기 시작한다

뻐꾹새 울음소리 등지고
주름 가득한 노모는 호미 들고
뒷산 언덕빼기 오른다

비탈진 작은 텃밭에
감자를 심은지 어언 백일쯤
긴 꽃대 올라와
별모양 새하얀 감자꽃 피었다

둥글 둥글 하지 감자
파헤친 자국마다 쏟아져 나오니
어느새 바구니에 한가득
노모의 얼굴빛이 금새 환히 빛난다

5부

콩나물의 겸손

찬바람 이는 겨울
아랫목 방바닥
온기를 지키느라
무명 솜이불 바닥을 품고 있다

윗목 구석에
밑빠진 옹기 항아리
노란 콩알 가득 품고
검정보자기 씌워준다

이따금씩
바가지 가득 물 부어주면
졸졸 시냇물소리 퍼진다

검정보자기 열고
살며시 들여다보니
노랑머리 내밀고 고개숙인
콩나물의 겸손이 여기에 있다

멧토끼의 삶

열심히 토굴을 만든
멧토끼 한 쌍
토실한 새끼 남매를 낳았다

오래된 토굴에
빗물 스며들자
살기 싫다며 뛰쳐 나간 암토끼

새로운 길을 찾아 헤매다 보니
어디선가 하이에나 울음소리 들려오고
하늘엔 검독수리 맹렬히 날고
무서움에 숲속으로 숨어들다
올무에 철컥 걸렸다

꼼짝 못한 암토끼
뒤늦게 후회를 하면서
한없이 눈물 짖는다

어떻게 알고 찾아온 숫토끼가
얼킨 올무 벗겨준다

한쪽다리 절룩거리더니
숫토끼 어깨에 기대어 집으로 돌아간다

천수만에서

얕은 바다를 뜻하는 천수만
각양각색의 철새가 찾아오는
세계적인 철새도래지
분홍색 부리에 흰색 이마를 가진
쇠기러기 무리가 한가롭게
먹이 활동을 하고 있다

광활한 천수만에서
먹이 활동 열심히 하면서
혹한의 겨울을 편히 쉬기위해
이억만리 찾아온 철새들
부리 끝에 주황색 띠를 두루고 있는
멸종 위기의 큰기러기도 있다

타작을 끝낸 볏집
비닐에 둘둘 말아
가축의 먹이 사료로 휩쓸어가니
새들에게는 겨울철 먹이 부족과
서식 환경도 열악하기만 하다

볏집을 논바닥에 깔아 놓아
새들의 먹이뿐 아니라
포근한 보금자리 역할을 할 수 있다면
그 얼마나 좋을까

늘어진 버드나무 가지 위에
민물 가마우지 한쌍이
젖은 날개를 접은채 졸고 있다

늙은 느티나무

마을 어귀에
늙은 느티나무 한그루
오래도 살았구나
너의 고향이 어디더냐?

강원도 삼척 도계리에
천년을 살아오신
우리 고조할아버지께
여쭤 보시구려 한다

역시 장수목 느티나무
각지에 정자목으로 자라고 있다
가지가 매우 넓게 퍼져있어
마을 사람들이 나무 그늘에서
땀도 식히고 한낮의 휴식을 취하기도 한다

민족의 보호수
우리 할아버지를 닮아

일찍부터 늙은 티를 낸다하여
느티나무라 한다지

오래도 살았지만
학이 날아와 놀다 갈 만큼
비바람에도 멋진 모습 보이며
우렁찬 목소리로 호령하는 멋장이 신사

단풍이 주는 교훈

아기의 손바닥 같기도 하고
개구리 발바닥 같기도 한 단풍잎
온 산을 붉게 물들이고 있다

가을 언덕에서
이별의 손을 흔드는 억새
꽃도 아니면서 꽃보다 더
황홀한 자태를 뽐내고 있다

고운 단풍잎도
낙엽 되어 땅에 떨어진다
시들어 떨어지는 모습을 바라보면
길 떠나는 님을 보듯 우수에 젖는다

나무들이 잎의 색깔을 변하게 하고
땅으로 떨구어 내는 모습은
한 해를 끝 맺는 시점에서 돌아 본다

추함보다 아름다움이 묻어나는
삶을 살아갈 수 있도록
떨어진 낙엽 밟으며 묵상의 길 걷는다

김장하는 날

방마다 도란도란
이야기꽃이 가득가득
현관 바닥에
어지럽게 엉켜있는 신발들
제짝 찾아 신기도 어렵다

푸른 꼬들머리 너울쓰고
박속같이 흰 살결 자랑하는 무 아가씨
옆에 있던 총각무가 넌스레 바라본다

한 아름 가득한 곰돌배추
반 가르고 또 갈라
짠물에 절여 하룻밤 푹 재운다

새벽녘 깨끗이 목욕시키고
연지곤지 곱게 치장하고 나면
입맛 다신 입술마다 붉게 물든다

저마다 한 아름씩 싸 들고
제 갈길 모두 떠나니

텅 빈 집인 듯 현관에
노부부 신발만 가지런히 놓여있다

동산지기 소나무

우뚝 솟아있는 소나무
두꺼운 껍질을 뒤집어쓴 소나무
사철 변함없는 자태를 자랑한다

잎을 버리는 나무와 달리
늘 푸르름을 앞세우며
솔잎은 언제나 무성하다

솔 잎사이로 흐르는 바람
푸른 샘물처럼 향기로워
욕심도 질투심도 없는 너그러움을 본다

폭설이 내리던 날
무게를 견디지 못하고
가지 하나 툭 부러져 내렸다

흰 눈을 뒤집어써도
오히려 푸른빛을 더 발하는 소나무
나무는 말한다

"이런 아픔은 견딜만 하다"고
참을성 많은 나무 바라보면서
마음 다스리는 법을 배운다

지상의 별 반딧불

밤하늘엔
수 많은 별들이 있고
땅위엔
에메랄드 빛 반딧불이 있다

어릴 적 동심과
그리움을 심어 주었던
천상의 은하수 미리내 닮은
반딧불이를 사랑한다

깊은 숲속
먹물처럼 캄캄한 밤하늘
별처럼 반짝이는 반딧불
그 많던 반딧불이 다 어디로 갔을까?

스스로 몸을 던져
신비한 불빛을 내어
어둠 밝히던 반딧불

무덥고 어두운 공간 속에서
사랑을 나누며
무한한 낭만과 즐거움 주던 반딧불
난 내가 반딧불이인 줄 알았었다

겨울 밤바다

밤이 긴 겨울
해가 지고 나면
빛은 힘을 잃어 간다

별빛이 흐르는 동해 논골담길
어두운 밤 물길을 가르는 고깃배
다정한 밤 산책을 즐길 수 있는 한섬 방파제
겨울의 밤바다가 너울성 파도에 울고 있다

떠오르는 태양은
희망을 안겨 주지만
산 넘어 지는 석양은 마음을 안아 준다
감포 논골담길 빨간 우체통 하나
은은한 불빛은 마른 가슴을
촉촉하게 적셔 준다

언덕 가장 높은 곳에
하얀 등대 우뚝 서 있다
검푸른 바다로 빛을 뿌리면

파도는 포말을 일으키며
별빛 정원 만들어 간다

생각의 언덕을 넘어

해맑은 마음과
아련한 생각으로
추억의 언덕을 바라다 본다

한때
그토록 연민의 정을
함께 했던 이야기가
소리없이 어둠에 묻혀
사라져 가지만
귓가에 맴도는 다정한 음성은
살며시 다가와 속삭인다

비록
짧은 만남이었지만
서로가 어긋난 운명이기에
상사화 되어
길고 긴 여운 남기며
고뇌의 언덕 넘는다

세월의 흔적

감포 봉길 대왕암해변
문무대왕릉에서
떠오르는 태양을 바라보며
새로운 마음으로
한해의 무사 안녕을 기원한다

내가 꾸고 있는 꿈은 무엇일까?
세차게 끊임없이 몰아치는
파도 소리가 용트림처럼 들려 온다

어김없이 떠오르는 태양
동해 바다를 붉게 물들이는 광경
숨은 비경을 자랑하는 해국 벽화길
신비롭고 장엄한 느낌이 울컥한다

세월의 흔적 물씬 풍기는
담벼락에 보랏빛 물결만이
행복한 미소 바라보는 듯
옛 골목의 정취를 간직하고 있다

땅이 품은 알

작은 텃밭에
웅크린 부엉이 닮은 토란을 심었다
땅속에서 자라는 알뿌리
땅이 품은 알이라 하여 토란이란다

끈끈한 점액질 뮤신 성분은
위점막을 보호하여
노화 방지에 효과가 좋다 한다

알토란 같다는 말
알차고 실속이 있다는 뜻이겠지
맛과 효능이 뛰어난 가을 제철 음식이다

추석 달빛 아래
가족들이 모여서 토란국을 먹으며
쌓인 정을 나누는 시간은
참으로 소중하기만하다

은빛 추억

동녘 햇살에 반짝이는 은빛억새
해질녘 석양에 빛나는 금빛억새
달밤에 흔들리는 솜털억새
척박한 산 기슭에서 향기없이 잘도 자란다

억새밭 추억의 사잇길을 걸어보자
지저귀는 산새 소리와
바람에 흔들리는 잎새 소리가
지난 날을 잊게하고
산란한 마음 가라앉게 해준다

햇살과 바람에 일렁이는 억새군락
은색으로 빛나는 한낮의 파노라마
만추 무렵 해질녘 억새는
아련한 추억으로 노년의 가슴을 파고들고 있다

서산의 부성산성

옛 성인들의 이야기를
품고 있는 부성산
골짜기를 따라 흐르는 물은
멀리 보이는 서해 바다로 흘러간다

산 정상에 산성이 있고
부성군 태수가 근무했던
관청도 남아 있다

그 시절 백제는
중국과 교류를 위한 거점지로써
돌출된 망루등은 해안을 향해 있어
중국과 아주 밀접한 관계가 있어 보인다

그토록 일찍이
외부세계와 교류를 갖기 위한
부성 산성 자체도 서해와 접해 있다

신라 경주에서 태어난 최치원은
어린 나이에 당나라 유학길에 올라있다가

훗날 당나라 관직을 정리하고
고국으로 돌아와 이곳 서산에 인연을 맺고
부성군 태수로 본분을 다 하였다

백제왕도 웅진에서
대 중국 교류를 위한 교통의 길목
갓을 쓴 사신은 말을 타고
지곡 땅 길목을 지나던 모습
그림자 되어 지금도 남아 있다

늙고 거친나무

마을 어귀 초입에
늙은 회화나무 한그루 서 있다

전통에 따라 전해져 오는 전설
마을 수호목으로 버티고 있다

나무 기둥의 거칠은 흔적들은
무슨 사연 담고 있을까?

오랜 세월 한자리에 머물면서
굴곡도 많고 사연도 많겠지

험난한 세월
늙고 거친나무
보호수 되어 사랑받고 있다

우리네 인생사
나이 많아 늙고 병들면

뒷방으로 물러나야 하고
외면받기 일쑤이니

늙은 저 나무 어찌 부럽지 않겠는가?

국제 크루즈선이 떴다

서해의 잔잔한 물결
천천히 푸른 빛으로
해안선 넘어 곱게 물들어 간다

가없는 하늘은
그림처럼 푸르고
물결은 쉴새 없이 넘실거리며
희망으로 가득한
새로운 미래를 그려본다

코끼리 바위를 품고 있는
서해의 대산항
석유화학 단지가 있다
중국과 최단 거리에 있어
교역의 무한한 잠재력을 가진다

서산 대산항에 처음으로 국제 크루즈선이
서해의 바닷길을 활짝 열었다
또 다른 세계를 가슴에 품고
바다가 들려주는 이야기 듣는다

살만한 세상

늙은 고목나무에
꽃을 피웠다고
누구를 위해 꽃을 피웠냐고
묻지 마세요
나무가 늙었다고
꽃마저 늙은 건 아니랍니다

어디서 날아온 물까치 한쌍
둥지를 틀겠다고 두 손 모으는데
아직은 생각중입니다
왜냐구요?
꿀벌 가족이 몰려와
윙윙거리며 춤을 추고
신나게 파티를 벌이고 있으니까요

이제는 더 이상 잘난체도
더 이상 뽐내며 살 필요 없어요
오직 나눔의 정 베풀면서
저 푸른 생명의 기운 받아들고
늘 새로운 삶 수놓아 갈꺼니까요

물방울 속 세상
박상덕 시집

<해설>

노년을 행복하게 만드는 친구를 드디어 만나다, 인생의 진면목을 보다

김명수(시인, 효학박사)

〈해설〉

노년을 행복하게 만드는 친구를 드디어 만나다, 인생의 진면목을 보다

김명수(시인, 효학박사)

1. 내 삶의 새로운 이정표를 만들다

나는 늙는 것도 참 행복하다고 생각한다. 시인의 원고 첫 구절에 나오는 말이다. 나는 이 글을 읽으면서 새삼스럽게 몸에 전율이 옴을 느꼈다. 나이가 들수록 고독하고 외롭고 삭막하다. 매사에 자신이 없어지고 자식들이나 친구들, 사회가 나를 외톨이로 만드는 기분이 들고 나 또한 스스로 왜소해지고 때로는 우울해지기도 한다. 그때 이 분위기를 스스로 탈출하지 못하면 정말로 치매 초기로 들어간 기분이고 자연스럽게 격리되면서 숨 쉬고 살아 있지만 사는 게 아니다라고 느끼게 된다. 그런데 박 시인은 그 순간을 벗어날 수 있는 힘을 갖고 있고 그 순간을 활용할 수 있는 힘을 가지고 있는데 그 원천이 되는 것이 바로 시를 통해서이다.
　일찍이 당나라 때의 두보杜甫와 이백李伯을 비교한 글귀가 있었는데 이백은 귀족적이어서 시를 위해 태어난 시선詩仙이라면 두보는 평민적이어서 '시를 짓기 위해 태어난 시성詩聖이다' 라고 해석한 것이다. 여기에 빗대어 말하면 이해가 조금 쉬울까? 박 시인은 지금 나이에 시를 쓰면서 늙는 것도 참 행복하다 했으니 평민적 삶을 살다 간 두보의 성향에 가깝지 않을까 한다.

박 시인이 위에서 말했듯 노년을 행복하게 만드는 친구를 시를 통해 찾았다는 것은 참으로 경이로운 일이 아닐 수 없다. 그것은 바로 삶의 참맛을 찾은 것이고 삶의 목표를 정한 것이고 내 삶을 정리하는 방법을 찾아냈다는 것을 의미한다. 그가 서문에서 밝혔듯 하루하루 의미 없는 삶을 살아야 했던 자신을 시를 통해 구원했으니 이 보다 더 값진 것이 어디 있으랴. 그야말로 인생의 살아감을 평가할 때 상중상의 평가를 받는다 해도 하나도 부끄러울 것이 없을 것이다. 또한 그 무엇보다 반갑고 기분 좋은 일이 아닐 수 없다. 그리고 그가 시 쓰는 것을 통해 늘그막에 행복을 찾았다고 하니 그 누구보다 그 무엇보다 값진 삶의 한 축을 이룰 것이라는 데 의심치 않는다.

2. 나이 들어 나는 이렇게 살고 싶다

나는 머리를 깨우쳐 뇌로 보는 법을 배우고자 한다. 그리고 마음으로 그림을 그리듯 살고 싶다. 그가 머리글의 중반에 쓴 글이다. 여기에선 그가 어떻게 살아야겠다는 다짐을 한 부분을 읽을 수 있다. 박 시인의 마음으로 그리듯 살고 싶다 하고 쓴 글귀를 읽으면서 대학 다닐 때 시 평론을 강의해 주시던 조재훈 교수님께서 "좋은 시는 읽으면서 그림이 그려지면 더욱 좋다"라고 말씀하신 기억이 새롭게 떠 올랐다. 그러고 보니 김소월, 김영랑, 박목

월, 서정주 등 훌륭한 시인들의 시를 읽으면서 시에 걸맞는 그림이 어슴프레 그려지던 일이 생각난다. "나 보기가 역겨워 가실 때에는 말없이 고이 보내드리오리다. // (중략) 사뿐이 즈려밟고 가시옵소서" 라든지 "강나루 건너서/밀밭 길 을/ 말없이 가는 나그네 // (이하 생략) 이런 시들을 소리내어 읽다 보면 그냥 눈앞에 그림이 그려지는 듯하다. 따라서 박 시인이 그림을 그리듯 살고 싶다는 시를 쓰는 것은 그렇게 보여지도록, 상상이 되도록 쓰고 싶다는 염원이기도 할 것이다.

꽃잎에 비가 내리면
그치지 않는 비 없고
마파람이 아무리 불어와도
멈추지 않는 바람 없다

비바람이 몰아치고 칠흑같은 어둠 속
가는 길이 힘들다고 움추러 들지 말자
시간이 지나고 나면
어느새 비는 그치고
바람도 멈출 테니까

살다 보면
많은 고난과 별의별 일들과
예기치 못한 사건사고들
온갖 아픔 이겨내고
곱게 물든 애기단풍처럼
누군가의 책갈피 속에 숨겨져 살고 싶다

오래도록 간직해 두면서
가끔 살포시 들여다보면

지나온 기억 속에
착하고 선한 모습으로 남아
호감을 주는 밝은 얼굴로 살고 싶다
　　　　　　-「이렇게 살고 싶다」 전문

이 시의 내용을 들여다보면 그간 살아왔던 마음과 앞으로 어떻게 살아가야겠다는 자신의 다짐이 들어 있다는 것을 알 수 있다. 시인은 이미 살아오면서 자신을 힘들게 했던 크고 작은 일들이 무수히 있었음을 말하고 있다. 따라서 힘들었던 부분들을 잘 견뎌낸다면 오히려 더 좋은 일들이 있을 것이라는 것도 함께 말한다. 세상 사람들이 흔히 말하기를 모든 것은 지나가리라 라고 말한다. 누구에게나 힘든 일들이 항상 있는 것이 아니기에 현재의 어려움은 지나갈 것이라고 희망을 가지라는 메시지를 전하고 있다. 박 시인은 이 시를 통해 독자들에게 희망을 주고 긍정의 힘을 주고 있다. 이는 시인이 갖고 있는 특권이다. 그러기에 예부터 권력을 가진 사람들은 시인을 옆에 두고 공적을 찬양하고 권력자를 찬양하는 시를 쓰게 하기도 했다. 반대로 시인들이 그들의 부정과 부패를 시로 전파한다면 그 영향력 또한 매우 크기 때문에 시를 쓰는 사람들을 관리하면서 관심 있게 지켜본 것이다. 이처럼 시는 개인이나 단체 집단의 마음을 움직이게 하는 위대한 힘을 가지고 있다. 고대 신라시대의 향가, 고려가요 이조시대의 가사 문학과 시조, 현대사회의 시에 이르기까지 시가 가지고 온 힘은 매우 크다는 것을 다양한 예들이 이를 입증하고 있다. 그러기에 일찍부터 성경에 시편이 있고 불경을 비롯 시경이나 효경, 당시唐詩 등 많은 곳에서 시가 매우 유용하게 쓰이고 있음을 알 수 있는 것이다.

시인은 또한 "온갖 아픔 이겨내고 / 곱게 물든 애기 단풍처럼 / 누군가의 책갈피 속에 숨겨져 살고 싶다"라고 말한다. 이는 시인의 낭만적 분위기가 있었던 젊은 날을 연상케 한다. 필자 역시 학생 시절 예쁘고 고운 단풍잎, 은행잎, 꽃잎 등을 모아 책갈피에 하나씩 끼워 넣고 후에 편지를 쓸 때 하나씩 꺼내어 함께 넣어 보냈던 일이 생각난다. 박 시인의 젊은 시절 그런 곱고 예쁜 것들을 조용히 다시 들여다보면서 자신도 모르게 예쁜 미소를 지어본 순간들, 생각할수록 순수하고 아름다웠던 추억이 아닐 수 없다. 시인은 이런 작은 행동 그 순간에도 기쁘고 행복감을 맛볼 수 있는 소박함을 가지고 있다. 전반적으로 박 시인은 노년에 함께 하는 시를 통하여 자신을 케어하고, 한 단계 승화된 삶을 살아가려고 마음먹고 노력하는 모습이 시의 곳곳에 스며있음을 볼 때 그 속에서 진정한 행복을 찾는 것 같다.

    지름길은 질러가니 가까운 길
    에움길은 에둘러가서 먼 길
    넓은 길보다 좁고 험한 길
    우리 인생사처럼 많기도 하다
    좁은 골목길을 뜻하는 고샅길
    꼬불꼬불 논두렁 위로 난 논틀길
    거칠고 잡초가 무성한 푸서릿 길
    길은 단순히 밟고 지나가는 것이 아니라
    이정표 없는 삶을 인도하는 이정표다
    우리는 평생 길 위에 서 있다
    누군가는 헤매이고
    누군가는 잘못된 길을 가고
    누구는 한 길로 묵묵히 간다
    결국 우리는 길 위에서
    길을 물으며 살아간다

인생이 곧 길이요
　　　우리의 발이 곧 삶이다
　　　　　　-「길 위에서 길을 묻는다」 전문

　이 시의 제목을 읽다 보면 토정 이지함 선생이 생각난다. 조선 중종 때 태어난 그는 백성들에게 희망을 주기 위해 토정비결을 썼다. 전쟁과 흉작으로 인해 불행하게 살아가는 백성들에게 인생의 길흉화복吉凶禍福을 슬기롭게 극복할 수 있도록 도움을 주기 위한 방법이었다.

　최근에 우리 주변에 명리학이 새롭게 부각되고 있다. 특히 신세대라고 불리는 상당수의 젊은이들과 정치 입문생, 또는 프로정치인들도 진학이나 취업, 결혼, 그리고 사회적 활동 참여 등의 결과가 불확실하게 여겨지기에 이런 방법을 더 찾는지도 모른다. 이런 방법들이 어떻게 생각하면 젊은이들에게 미래에 희망을 갖게 하는 방법의 하나라고 생각한다면 굳이 부정적인 시선을 보낼 필요는 없다고 본다.

　어떤 학자는 명리학은 인생의 내비게이션이라고도 한다. 우리가 자동차로 길을 찾을 때 시행착오를 줄이기 위해 내비게이션을 켜듯이 인생을 살아가는 데에도 시행착오를 줄일 수도 있기 때문이다. 인간의 삶은 예측할 수 없는 것이기에 하늘로부터 명命을 받되 내 머릿속의 내비게이션을 통해 운運전할 수 있기 때문이다. 결국 내 삶의 지혜를 얻기 위한 방법의 하나가 내비게이션을 켜는 것이 아닐까 한다.

　그런 의미에서 시인도 이 작품을 통해 수없이 갈려진 수많은 길 위에서 자신의 내비게이션에게 '길을 물으며 살아간다'라고 말하고 있다. 그곳에서 최선의 방법을 찾아 묻고 또 물으며 저 멀리까지 이어진 미지의 길을 최선의 방법으로 찾아가고 있는 것이다.

3. 상징적 의미를 동반하는 아름다운 시 편들

시인들은 자신의 사상이나 감정을 나타내기 위해서 구체적인 이미지를 동원한다. 사상이나 감정을 있는 그대로 나타낸다면 그것은 참 아마추어적 표현이기 때문에 대개의 경우는 자신이 현재 갖고 있는 사상이나 감정을 대변할 수 있는 구체적인 상징물을 찾는 것이다. 여기 박 시인의 경우도 마찬가지다. 다음에 나오는 어머니에 대한 시나 소쩍새 같은 시가 바로 그런 예의 하나라고 할 수 있다.

> 어머니 이제 쉬십시오
> 밖에는 찬바람이 불어요
> 따끈한 물 한 모금 따라줄 사람 없었다지요
> 평생을 우직하게 살아오신 어머니
> 이제는 편히 쉬십시오
>
> 어머니 자꾸만 그립습니다
> 뼈아픈 고뇌와 번민 속에
> 버릴 수 없는 움막인 듯 그림자만 밟습니다
> 기나긴 이 밤 어이 지새웁니까
>
> 어머니 한겨울이 지나면
> 복사꽃 피고 지는 새봄이 온답니다
> 어머니의 따스한 봄은 언제 오시려는 지요
>
> 기다려지는 마음은 벌써
> 어머니가 계신 고향으로 달려갑니다
> 거기 계신 듯 나지막이 불러봅니다
> ─「당신을 그리워합니다」전문

어머니, 어머니 부르고 또 불러봐도 또 부르고 싶은 것이 어머니란 이름이다. 보고 싶고 또 보고 싶은 어머니를 그리워하며 쓴 이 시는 읽는 사람 누구나 그립고 아쉬운 마음들이 가득 밀려올 거다. 시인 역시 이제 이 세상에 안 계신 어머니를 그리워하며 쓴 이 시속에서 지난 시간들의 그 추억 속의 한 장면들을 생각하며 가슴 절절하게 어머니를 그리워하고 있다. 어머니와 함께했던 추억 속의 한 장면을 꺼내는 것 자체가 어머니에 대한 그리움을 나타내고 있다. 우리가 장미꽃이 예쁩니다. 하늘이 파랗습니다 라고 하는 것이 팩트일 뿐 시가 되는 게 아니듯이 '당신에게 장미 한 송이를 보냅니다'라고 하든가 '파란 하늘에 어머니 얼굴이 보입니다'라고 하면 한 줄의 시가 되듯이 어머니와 떨어져 살았던 지난 세월을 어머니로부터 간간이 보내오는 쌀, 기름, 감자, 깨소금, 마늘 등을 등장시킴으로써 어머니에 대한 그리움을 말하고 있다는 것을 알 수 있다, 어머니의 냄새가 가득한 그것들을 음식으로 해 먹으면서 어머니의 끝없는 자식 사랑을 느끼고 그러면서도 멀리 있다는 핑계로 자주 뵙지도 못하고 그 누구보다 어머니를 사랑하면서도 사랑한다는 말을 하지 못하고 보낸 지난 시간들이 후회스럽기만 하다고 시인은 말한다. 자식이라고 어머니에 대해 한없이 이기적이었던 내가 죄송스럽기만 한 것이다. 좀 더 자주 찾아뵙고 좀 더 많이 사랑한다고 말할 것을 뭐가 그리 바빠서 못했는지 한없이 후회스럽기만 하다. 어머니가 있었기에 내가 이만큼 커왔고 살아왔기에 그저 고맙고 감사하거늘, 어머니 이제 그만 편히 쉬시라고 말씀드리고 싶다. 집안 곳곳에 남아 있는 어머니의 흔적, 내 마음 곳곳에 남아 있는 어머니 냄새, 사랑 내가 언젠가 어머니의 뒤를 따라가는 그 순간까지 어머니를 그리워하고 감사하면서 살아갈 것이다. 그리고 어머니가 그러했듯 나 또한 내 아이

들에게 어머니의 그 따스함, 헌신적인 사랑을 물려주고 갈 것이
다. 라고 시인은 다짐하는 듯하다.

기억은 추억이 되고
추억은 그리움으로 남는다
모든 그리움 뒤에 내가 있다

항상 함께할 때
들리던 그 소리는 사라져가고
적막이 그리움을 만들어낸다

이제 멀어져간 사람들
사랑했던 목소리가 겹겹 쌓일 때

서로가 어긋난 운명이기에
사라진다는 것은 이런 것

고마움과 그리움은
과거로 남아 묻힐 수밖에 없는 것

무엇을 위해 그토록 달려가야 하나
잊지 못하는 마음 어디에 두어야 할까
지나온 추억을 더듬는

-「상사화」전문

누구에게나 상사화 같은 삶을 한두 번쯤은 살았을 것이라는 생각했다. 이 시에서 '서로 함께하지 못하는 안타까움을 힘겨움 속에 무기력으로 남는다' 라고 말하고 있다. 그러다 자칫하면 '고마움과 그리움은 / 과거로 남아 묻힐 수밖에 없는 것'이라고 말한다.

본래 수선화과에 속하는 상사화는 봄부터 파랗게 잎을 돋우고 열심히 살다가 한여름 꽃이 나오기 전에 그 잎이 말라 죽는다. 홍자색의 꽃잎만 가지고 파란 줄기 대 위에 솟아올라 꽃을 피우는 상사화는 4~8송이의 꽃자루를 짊어지고 세상 밖으로 솟아 나온다. 양지바르고 배수가 잘되는 곳에서 꽃을 피우게 되는데, 지역에 따라서는 개난초라고도 불리는 이 상사화는 꽃이 피면 잎이 없고 잎이 나 있을 땐 꽃이 없기에 꽃은 잎을 그리워하고 잎은 꽃을 그리워할 수밖에 없는 운명인 고로 상사화라고 이름 지어진 것이라고 한다.
　이런 상징적 의미의 시는 전통적으로 오래전부터 많이 쓰여진 방법 중의 하나이다. 이를테면 비둘기는 평화, 십자가는 예수 또는 희생, 백로는 지조 또는 순정, 까치는 소식, 장미는 사랑 등 헤아릴 수 없이 많은 것들이 등장하여 상징적 의미를 부여한다. 이 시속에 상사화 역시 꽃과 잎이 만나지 못하는 식물의 자연적 특성화가 그리움의 상징성을 나타내는 주제로 등장하고 있는 것이다. 그러나 시인들이 좀 더 창의성을 발휘해야 할 일들은 전통적 상징을 그대로 답습하기보다는 시인만이 내세우는 새로운 형태의 상징성을 의미하는 시를 창조해 내는 일이다.
　상사화는 꽃씨로 번식하는 것이 아닌 알뿌리로 번식하는 것이다. 시인은 이 상사화를 통해 그리움으로만 남은 그 어떤 사람을 불러왔는지도 모른다. '그리움은 과거로 남아 묻힐 수밖에 없는 것'이라고 단정을 지으며 과거 속에 묻혀 있는 그리움을 소환함으로써 아직도 그의 가슴 한편에 꽃으로 남아 있는 그 사람을 상사화로 이름 짓고 싶은지도 모른다. 시인은 '추억을 더듬'는 '오늘이 내일의 그리움'으로 남는다 라고 말한다. 원래 상실의 아픔을 치유해 주는 것은 그리움이다. 그리움은 그리움으로만 남는 게 아닌 그리움으로 인해 남겨진 새로운 삶에 대한 방향을 찾으려 하는 잠재성이 있다. 상사화를 통한 시인의 그리움이 애잔하게 다가오는 순간이다.

  사람은 나이가 들수록 상실감이 많이 든다. 상실이란 인간의 보편적 감정은 인간 경험이 가져오는 현상이다. 노년에 이르게 되면 외로움과 상실감이 더해진다. 노년의 삶에서 피할 수 없는 그 현상을 극복하는 방법은 새로운 삶의 한 방법을 추구하는 것이다. 그것은 곧 다양한 관계성이다. 친구와의 관계, 가족과의 관계, 사회조직과의 관계 등에서 자신에게 적합한 관계를 찾아보고 자신의 외로움을 극복할 수 있는 삶의 의미를 발견해야 한다. 그리하여 이것을 통해 위로받고 삶의 풍요로움을 찾아보려고 노력해야 할 것이다. 그래야만 시인이 상사화를 통한 외로움이 새로운 삶의 의미를 찾아올 수 있기 때문이다.

       새소리 바람 소리
       깊이 잠든 여름밤
       멀리서도 아니요
       가까이서도 아닌 곳에서
       애잔하게 울어대는 소쩍새

       소쩍 소쩍
       소쩍새 우는소리 깊어가는 밤
       서쪽에 누가 살길래
       두고 온 임 기다리는지
       밤새 울어대는 울음소리 들린다

       슬픔조차
       그리움 되어버린

두물머리 강물로 소쩍소쩍
밤이 새도록 흐른다
나도 따라 밤새도록 울음 운다
- 「소쩍새」 전문

 필자가 살고 있는 대청호 석호리엔 해마다 봄이 오면 소쩍새가 찾아와 울고 간다. 일명 청소조라고 불리우는 이 새는 접동새라고도 하는 데 낮에 우는 것은 접동새 밤에 우는 것은 소쩍새라고 전해오기도 한다. 우리의 역사는 어려움의 연속이었다. 몽골을 비롯한 당나라, 청나라 등 외세의 침략이 잦았고 왜구의 노략질도 자주 있었던 만큼 그럴 수밖에 없었다. 먹고살기 어려운 시절 우리 조상들은 입□을 줄이기 위해 어린 딸을 시집보내는 것이 보편화된 시절이 있었다. 이때 시집간 딸은 며느리가 되어 그 집의 밥상을 차리게 되고 그때마다 밥이 적어 반복되는 일상이 계속되자 세상을 하직했다고 한다.
 며느리의 슬프고 말 못하여 그가 죽은 원인은 기아사이다. 그런 슬픈 형상이 해마다 봄이 되면 뒷동산에 찾아와 솥적어 솥적어 하면서 울고 갔다 한다. 그래서 후세 사람들이 며느리가 죽어서 된 새라하며 솥적어새 솥적어새 라고 불리운다는 일화가 전해진다.
 이런 슬픈 역사를 안고 있는 소쩍새가 오늘도 와서 울고 갔다. 그런데 시인은 이런 소쩍새의 울음을 그리움으로 승화시키고 있다. 며느리 새가 안고 있는 슬픔은 부모가 있는 친정에 대한 그리움으로 아니면 시집오기 전 마음 주었던 동네 총각에 대한 그리움으로, 아니면 밥이 적어 배고팠던 그 시절에 대한 그리움인지도 모른다.
 그가 다시 세상으로 와 소쩍새가 되어 그 어린 며느리 시절의 그리움으로 돌아가 자기의 슬펐던 그 시간들을 불러내어 아픈 시간을 치유해 주고 싶은 마음이 아닐까 한다. 여기에서 소쩍새는 어떤 상징성을 가져다 준다. 바로 어린 며느리의 배고픔, 억눌림, 억울함 말 못하는 심정, 친정 부모에 대해 배고프다고 외치는 모습 등 다양하게 생각할 수 있다. 시인은 바로 이런 상징성을 응용해서 소쩍새의 울음소리를 또 다른 모습으로 보여 주고 싶은 것이다.

 시를 평론하는 많은 평론가들은 정서와 사상을 예술형식으로 표현하는 방법 중 하나는 객관적 상관물을 발견하는 일이라고 했다. 쉽게 말하면 여기서 소쩍새가 의미하는 객관적 상관물의 발견 즉 시인과 소쩍새가 공통적으로 갖고 있는 어떤 슬픔의 맥이 무엇인지 안다면 더욱 좋은 시가 될 것이다.

   아름다운 마음은
   좋은 생각을
   많이 하는 사람에게
   주어지는 선물이다

   아름다운 마음은
   내 곁에 있는 사람을
   기쁘고 편안하고
   행복하게 해준다

   아름다운 마음은
   마치 샘물과 같아서
   아무리 퍼내도
   퍼낸 만큼 고이게 마련이다

   사랑하는 일
   아파하는 일
   함께 나누며 채워주는 마음
   모든 것 내어줄 줄 아는 당신
          -「최고의 선물」전문

세상에 태어난 사람에게 주는 최고의 선물은 무엇일까?

박 시인은 그간 칠십 평생을 살아오면서 크고 작은 선물을 받아 왔기에 이제 자신이 가지고 있는 것 중 최고의 선물을 나누어 주려고 한다. 나이 듦의 좋은 점 중 하나는 마음이 여유로워지고 조금은 넉넉해진다는 것이다. 그래서 가능하면 받기보다는 주는 것이고 그렇게 할 때 더 큰 기쁨과 행복이 내게 오기 때문이다.

박 시인은 시를 통해 가까운 이웃에게 가까운 지인들에게 나를 기억해 주는 보다 많은 사람들에게 "사랑하는 일 / 아파하는 일 / 함께 나누어 채워주는 마음 모든 것 내어줄 줄 아는 당신"이라고 끝을 맺는다. 누군가 말했다. 선물을 받을 때보다는 줄 때가 더 아름답고 멋진 것이라고, 시인은 그 선물 중에서도 최고의 선물을 찾고 있다. 그것은 곧 아름다운 마음이고 함께 나누며 채워주는 마음이고 / 모든 걸 내어줄 줄 아는 당신이라고 했다.

생각해 보면 나 역시 받고 싶은 선물이 있다. 나를 존중해 주는 선물, 나라는 존재를 나의 행위를, 나의 방식대로 살아가는 것에 대해서도 이해해 주고 사랑해 주는 선물이다.

인간은 각자의 방식대로 살아간다. 따라서 그건 각자의 세계가 존재한다는 거다. 그렇기 때문에 각자의 세계를 서로 존중해 주며 사는 것이다. 그럴 때 삶의 의미가 있고 보람을 찾을 수 있기에 그런 것들을 유지하도록 도와주는 것은 바로 각자의 방식을 존중해 주는 것이 아닐까. 그러다 보면 그 방식 자체가 최고의 선물이 될 수 있다. 시인은 지금 살고 있는 삶의 방식 중 바로 그런 부분을 최고의 선물로 생각하고 이 한 편의 시 속에서 외치고 있는 것이다.

시인이 주장하는 것 중 기쁘다, 편안하다, 행복하다 등은 감정이다. 이런 감정들은 시에 있어서 아주 중요한 역할을 한다. 어떤 이들은 말한다. 저 사람은 감정이 풍부해서 시를 잘 쓸 거야. 그

렇다. 우선 감정이 살아 있고 풍부해야 좋은 글, 좋은 시들이 나올 수 있다. 박 시인이 감정적 요소를 내세워 아름다운 마음을 설명해 주고 있다. 19세기 영국의 노만파 시인인 워즈워드는 시는 평정한 상태에서 다가온 강력한 감정의 자발조 범람泛濫이다 라고 말 한 바 있다. 이들이 주장하는 것들은 힘차고 풍부한 감정들을 아무 구속 없이 자연적으로 표현해야 한다고 하는데 그런 원리라면 박 시인의 사랑하는 일, 아파하는 일 등을 감정적으로 자유롭게 표현하는 것 또한 최고의 선물이 될 수도 있을 것이다.

풀잎에 맺혀 있는 이슬
영롱한 빛에 이끌린다

모든 생각과 욕심
겸손한 마음 생기게 하여
감싸주듯 부드러운 풀잎
촉촉한 풀내음 위로를 받는다

본질의 모습 그대로
떨어질 듯 맺혀 있는 이슬

역리하지 않는 순종으로
고요함 속에서 움트는 강한 생동감

비를 맞으며 바람을 맞으며
겸손히 저항하지 않고
누워서도 용기 잃지 않는다
쓰러져도 다시 일어 난다

-「풀잎처럼」전문

풀잎의 가장 큰 매력 중의 하나는 쉽게 쓰러지지만, 그냥 놔둬도 시간이 지나면 제힘으로 일어선다는 것이다. 시인이 제일 마지막 연에서 말한 - 누워서도 용기 잃지 않는다 / 쓰러져도 다시 일어선다'라고 한 것은 바로 풀잎의 성장을 말하는 것이다.

일찍이 김수영 시인은 -'풀'이란 시에서 이렇게 말했다, "풀이 눕는다 / 바람보다도 빨리 눕는다 / 바람보다도 더 빨리 울고 / 바람보다 빨리 일어 난다" 풀잎은 바로 그게 강점이 있다. '바람보다 늦게 눕지만 일어서는 것은 바람보다 먼저 일어선다'라고 했다. 풀잎에겐 그만큼 강인한 자생능력을 가진 저항정신이 숨어있다. 강인한 바람에 의해 억지로 눕혀졌지만, 풀잎은 스스로 일어날 수 있는 자생능력을 가졌다고 볼 수 있다. 이렇게 풀은 스스로 일어서려는 극복의 정신, 독립의 정신 즉 독자생존의 정신을 가지고 있다.

일찍이 김수영은 풀이라는 시를 통해 그걸 여실히 보여 주었다. "바람보다 늦게 누워도 / 바람보다 먼저 일어난다 / 바람보다 늦게 울어도 / 바람보다 먼저 웃는다" 이런 김수영의 풀은 눕고 일어나는 반복적 행위를 통해 끈질긴 생명력을 말하고 자연 순환 법칙을 설명하고 생명 탄생의 소중함, 천지와 인간의 관계 그리고 하늘과 땅의 기운을 감지하는 것까지 넓고 깊게 의미를 부여하고 있음을 감지할 수 있다. 이처럼 풀이 갖는 의미는 매우 다양하다고 볼 수 있다.

박 시인 역시 김수영의 풀과는 결이 다르지만 의도하고자 하는 것은 비슷하리라고 본다. 특히 시인이 마지막 연에서처럼 '누워서도 용기 잃지 않는다 / 쓰러져도 다시 일어난다'라고 한 것에서 더욱 강하게 어필된다고 볼 수 있다. 다만 여기서 박 시인은 풀잎에서 서정성을 더욱 중요시하고 있음을 볼 수 있다. 영롱한 빛에 이끌리고 겸손한 마음을 생기게 하고 '촉촉한 풀 내음의 위로' '고요함 속에서의 생동감' '역리하지 않은 순종' 등 풀잎이 갖고 있는 매력에 풀잎이 갖고 있는 순종, 족 이미지와 '감싸주듯 부드러운 풀잎'등 풀잎이 갖고 있는 배려 깊은 성향까지 풀잎이 가져오는 순결한 이미지를 동원하여 겸손한 마음을 갖게 하는 풀잎의 힘을 말하고 있다. 물론 맨 끝 행에서 오는 '누워서도 용기 잃지 않는다 / 쓰러져도 다시 일어 난다'는 것은 나름대로 세상을 살아가는 데 풀잎처럼 좌절하지 않고 용기를 갖고 다시 일어야 한다는 것을 생활 방식적 차원에서 외치고 있음을 알 수 있다. 즉 박 시인의 풀잎처럼 에선 바람에 흔들리는 풀잎의 행위를 비롯해서 파랗고 깨끗한 초록의 잎새 위에 누워 있는 한 방울의 아침 이슬 등 이런 서정적인 자연의 아름다운 모습에서 시인은 더욱 겸허하고 넉넉한 마음들을 배워야겠다는 다짐을 하는 것이다.

영원할 것 같고
무한할 것 같은
착각 속에 지내고 보면
어이 없게도 찰나인 것을

꽃길 같은
아름다운 행복을 꿈꾸며
하늘이 맺어준
인연으로 살아간다

젊음은 찰나 일 뿐
언젠가는 늙고 병들고
누군가 먼저 가버리는 세상
고독한 인생 여정의 연속

가까우면서도 멀고
멀면서도 가까운 부부
곁에 있어도 그리운게 부부

한 그릇에 밥 비벼 먹고
같은 컵에 물 나눠 마셔도
괜찮은 부부

둘이면서도 하나이고
혼자이면 외로워
병이 되는게 부부

인생 최대 행복은
부도 명예도 아닐테니
사는 날 동안

-「함께 가는 길」 전문

  원시시대로 잠깐 들어가 보자. 그들은 어두컴컴한 밀림 속에서 또는 동굴 속에서 살면서 사냥이나 열매를 따 먹으면서 먹고살았을 것이다. 그들은 처음엔 힘이 센 사내 혼자 시작하다가 점차 먹여 살려야 할 사람들의 숫자가 많아지면서 사냥도 둘, 셋으로 함께 하는 경우가 늘어났을 것이다. 그런 다음 사냥을 하고 잠시 힘든 것을 풀기 위하여 이번엔 함께 했던 사냥 친구들이 모여 사냥놀이를 하고 어렵게 잡아 온 것을 온 가족, 또는 집단으로 사는 모든 사람들이 모여 함께 만찬을 함으로써 더욱 즐거운 분위기로 만들었을 것이다.
  여기서 가장 주목해야 할 부분 중의 하나는 '젊음은 찰나'라는 은유법을 쓴 거다. 시에 있어 이런 비유는 읽는 사람들에게 주는 메시지가 강하게 전달된다고 볼 수 있다. '젊음은 찰나'라는 그 한 마디가 이 시의 클라이막스가 될 수도 있다. 시에 있어선 이런 비유들, 직유가 되었던 은유가 되었던 비유법을 적당히 활용함으로써 시를 더 아름답게 승화시킬 수 있다. 현재 애송되고 있는 많은 시들이 갖는 특징 중의 하나는 그때그때 적절한 비유와 은유를 잘 활용함으로써 시의 맛을 더할 수 있게 만들었기 때문이기도 하다. 이 시에서 또 하나의 매력은 맨 끝행을 생략했다는 것이다. 대부분의 사람들은 제일 끝 행 다음에 이어지는 "사는 날 동안 / (함께 가는 길)"에서 ( ) 속의 함께 가는 길을 넣었을 것이다. 그러나 박 시인은 과감하게 뺐지만, 이 시를 읽는 독자는 그다음 말을 자기도 모르게 함께 가는 길이라고 툭 튀어나온다는 것을 느낄 것이다. 이런 방법 또한 시에 따라서 적절히 사용함으로써 시의 매력을 더 할 수도 있을 것이다.

 이 시에서 말하는 것처럼 함께 한다는 것은 여러 가지로 좋은 결과를 가져올 수 있다. 함께 한다는 것은 서로 결속력을 갖게 됨은 물론 소정의 목적을 달성하는데도 큰 힘을 발휘할 수도 있다. 그 때문에 결과 또한 행복할 수도 있을 것이다. 그걸 일찍부터 깨달은 사람들은 농경사회가 되면서 두레라는 것을 통해 모내기를 비롯해 각종 농사일을 함께 하는 시스템으로 만들어 많은 양을 할 수 있고 빨리 끝낼 수 있고 그 보람 또한 컸을 것이란 것을 짐작할 수 있다. 이런 것들이 더욱 발전하여 현대사회에서도 결혼을 비롯한 크고 작은 행사들을 보면 많은 사람들이 함께함으로써 지대한 효과를 가져오고 있음을 알 수 있다. 박 시인은 일찍부터 함께 가는 길의 매력을 알기에 함께 가는 길을 안내하고 있는지도 모른다.

4. 나눔을 통해 인생의 진정한 아름다운 모습을 찾다

필자가 일하고 있는 근처에 날마다 고물상을 드나드는 할아버지 한 분이 계시다. 이른 아침부터 리어카를 끌고 파지를 모아 고물상에 갖다 팔고 집으로 가는데 집에는 몇 년째 누워 사는 할머니가 계시다 했다. 손 안에는 오늘 팔은 파지값 몇천 원이 들어 있지만 그래도 집에는 할멈이 누워 반갑게 맞아 주기에 부지런히 집으로 향한다. 비록 누워서 살지만 그래도 집에 누군가가 있으니 들어갈 때 온기를 느끼고 허전하지 않다고 한다. 그리고 한 달에 한 번쯤은 큰길가에 국수를 삶아 힘든 사람들에게 나누어 주는 곳이 있는데 그곳에 가 한 그릇 얻어먹고 하얀 봉투를 하나 주고 온다고 했다. 할아버지가 나눔의 대상이 아닌 당신이 파지를 팔아 모은 돈 얼마를 기부한다는 소리를 듣고 얼굴이 화끈했다. 할아버지는 그래도 그 하얀 봉투를 주고 오는 날이 마음이 가볍고 기쁜 날이라고 한다. 일상 속에서 일어나는 소소한 행복, 그것은 바로 나눔에서 오는 것이라는 것을 그 할아버지는 작은 실천을 통해서 우리들에게 보여 주고 있었다. 그래서 필자도 그 할아버지를 소재로 '햇살'이란 시 한 편을 얻을 수 있었다.

> 낯선 땅에 와서
> 누구를 만나 좋아하게 되고
> 친구로 삼게 되어도
> 진정 아름다운 우정으로
> 남고 싶다면 욕심은 버려야 하겠지
>
> 그냥 친구가 되었으면
> 그 사실 만으로 기뻐하고

어쩌다 모질게 떠난다 해도
내게 준 우정으로
내게 준 기쁨으로
내게 준 든든한 마음으로
그냥 기뻐해야 할 것이다

진정한 우정은
세월이 지날수록 더
아름다운 믿음으로 남으니
서로에게 의지가 되는
참 좋은 친구로

아픈 날에
어려운 날에
참으로 힘든 날에도
우정이 더욱 돈독해지는
너와 나의 만남이었으면 좋겠다
- 「나눔의 행복」 전문

 이 작품에서 박 시인이 처음 말하고자 하는 것은 '아름다운 우정으로 / 남고 싶다면 욕심은 버려야 하겠지'라고 말한다. 그의 마음속에는 '아픈 날에/ 참으로 힘든 날에도 / 우정이 더욱 돈독해지는 너와 나의 만남이 있으면 좋겠다' 하고 끝을 맺는다.
 보이스피싱이나 기타 지인을 가장한 사기꾼들이 많은 현대사회에서 진정한 친구로 남아 서로 보듬고 그냥 기뻐해야 할 일들이 많으면 '세월이 지날수록 더/ 아름다운 믿음으로 남으니'하며 서로에게 참 좋은 친구로 남았으면 하는 것이 시인의 바람인 것이다. 이 시에서 박 시인은 아름다운 우정, 진정한 우정, 진정한 믿음, 참 좋은 친구 등 구체적인 직유법을 통해 친구와의 관계성을 강조하고 있다. 시에 있어 이런 표현은 밋밋한 것보다는 훨씬 더 관계성을 강화하는데 좋은 방법이라고 생각된다.

원래 우리 주변에선 어려운 사람들을 위한 아름다운 기부 형태의 아름다운 나눔들이 이루어지고 있는 것을 볼 수 있다. 일전 신문 기사 내용을 빌리면 어느 탤런트가 연예계에 입문하면서 수입이 있을 때마다 기부한 금액이 200억 원가량이나 되었는데 막상 결혼하려니 자금이 없어 친구에게 2억을 빌려서 했다는 기사를 본 적이 있다. 함께 나눔의 행복을 위해서 그렇게 많은 양의 기부를 한 사람이 있는가 하면 기부 핑계로 사기 치는 보이스피싱도 있으니 사회의 한구석이 씁쓸하기만 한 것이다.

어떤 분은 나이가 들수록 새로운 친구를 사귀기보다는 그동안 잘 지내온 친구와의 아름다운 우정을 오래도록 지켜나가는 것이 더 아름답다고 생각한다며 박 시인처럼 '진정한 우정은 / 세월이 지날수록 더 / 아름다운 우정으로 남으니 / 서로에게 마음에 의지가 되는 / 참 좋은 친구로 / 아픈 날에 / 어려운 날에 / 참으로 힘든 날에도 / 우정이 더욱 돈독해지는 / 너와 나의 만남이었으면 좋겠다' / 라고 끝을 맺는다. 이렇듯 나눔의 행복은 서로 간 오랫동안 우정을 지켜 나가면서 상부상조하는 것도 행복의 하나 라고 생각한다.

박 시인이 이 시집에서 주는 메시지의 많은 부분들은 살아오는 데 있어 얻어진 수많은 교훈들이 하나의 시적 테마로 등장하는 것을 알 수 있었다. 그것들은 곧 또 다른 삶을 살아가는 사람들에게 교훈이 되고 안내서가 되어 인생의 좋은 동반자적 역할을 할 수 있을 것이라고 본다. 그것에 한 가지 더 하여 문학적인 요소 즉 시로 한 단계 더 승화시킴으로써 이 시집을 읽는 사람들에게 다음 시집을 기다리게 하는 요소가 될 것이라고 본다.